zen-on piano library

CZERNY

100 ÜBUNGSSTÜCKE   Op. 139

체르니   100번 연습곡

책등에 표기된 ★의 개수는
난이도를 나타냅니다.

© 1955 by Zen-On Music Company Ltd.

서울음악출판사

Carl Czerny

geb. in Wien den 21 Febr 1791.

Carl Czerny, Portät von Lanzedelly, nach einer Lithographie im Archiv der Gesellschaft der Musikfreunde, Wien

········ **해설** ········

체르니 Carl Czerny(1791~1857)는 많은 연습곡을 만든 작곡가로, 피아노를 배우는 사람이라면 누구든 그의 연습곡을 거쳐야 한다. 체르니는 9세부터 11세까지 베토벤에게 피아노를 배우고, 유명한 피아니스트가 되어 연주여행을 다녔다. 14세부터는 빈에 머물며 작곡과 피아노 교육에 전념했다. 이 연습곡집도 그 중 하나로, 손가락의 기초 훈련과 다양한 운지법을 연습한다. 결과적으로는 음악의 아름다움을 알 수 있도록 해준다.

이 책을 연습하는데 있어서 알아두어야 할 점은 다음과 같다.

연습방법

연습곡의 빠르기와 상관없이 항상 일정한 속도와 정확한 리듬으로 연주해야 한다. 예를 들어 No. 2의 ③과 같은 스타카토는 자칫하면 빨라질 수 있다.

화음(2개 이상의 음을 동시에 연주) — 따로따로 울리게 하지 않고, 하나의 음처럼 연주한다. 화음이 연속되는 부분에서는 음이 고르게 나지 않거나 리듬이 흐트러질 수 있으므로 특히 많이 연습해야 한다. 예를 들어 No. 9는 왼손 손가락의 힘을 빼버리면 음이 아름답게 울리지 않는다. No. 30의 화음으로 이루어진 선율도 가장 높은 음의 선율이 잘 들리도록 힘을 실어 타건해야 한다.

음계 — 하나하나의 음을 같은 세기로 우아하게 흐르듯이 연주해야 한다. 새끼손가락(5번 손가락)과 약손가락(4번 손가락) 사이에서는 리듬이 흐트러지지 않도록 여러 번 연습해야 한다. 특히 음계는 피아노 연주에서 가장 힘든 부분 중 하나다. 반음계도 한 음 한 음 또렷하게 소리를 낼 수 있도록 손가락을 충분히 올려서 정확히 타건해야 한다. No. 53처럼 빠른 곡에서도 마찬가지다.

분산화음 — 우아하고 부드러운 느낌을 가지고 있으므로 아름답게 연주해야 한다. 손가락을 잘 벌리고 모든 음을 정확하게 타건하면서 깔끔하게 울리도록 꼼꼼히 연주한다. 예를 들어 No. 46 연습곡은 손가락이 되돌아오는 부분에서 1번 손가락이 강하게 움직이거나 리듬이 쉽게 흐트러질 수 있다. 특히 4번 손가락 음이 잘 들리도록 정확하게 타건해야 한다. No. 45의 왼손 반주와 같은 형태(아르페지오 베이스)는 손의 형태를 유지하면서 손가락 끝에 너무 힘을 주지 않는다. 힘을 주면 음이 딱딱해지고 경쾌한 소리가 나지 않는다.

꾸밈음 — 꾸밈음이 있으면 악센트를 으뜸음에 준다. No. 55와 같은 아르페지오는 새끼손가락에 무게중심을 두고 으뜸음을 강하고 날카롭게 연주한다. No. 12의 ①, No. 59의 ②와 같은 꾸밈음은 살짝 거치듯이 연주하고, 다음 음과 겹쳐지지 않도록 손가락을 곧바로 뗀다. No. 23 *a*)의 돈꾸밈음은 음이 탁해지지 않도록 경쾌하게 연주한다.

트릴 — 팔의 힘을 빼고 손끝의 움직임만으로 연주한다. 이렇게 하지 않으면 팔이 뻣뻣해지고 손가락이 잘 움직이지 않는다. 따라서 일정한 속도로 깔끔하게 연주하는 연습을 해야 한다. No. 38과 같은 3도 화음의 트릴은 매우 어렵다. 따라서 많이 연습해야만 고르게 연주할 수 있다.

스타카토 — 곡의 느낌에 따라서 크고 날카롭고 딱딱한 느낌, 그리고 경쾌하고 밝은 느낌으로 나뉜다. 연습곡에 따라서 어떤 스타카토를 할 것인지 결정해야 한다.

템포 — 지정된 속도로 연습한다. 심심하게 느껴지는 곡 중에는 빠르게 연주할 때 재미가 있는 예도 있다. 그럼에도 템포가 도중에 바뀌어서는 안 되며, 항상 일정한 속도로 연습해야 한다.

선율(멜로디) — 곡의 생명과 다름없다. 어떤 느낌의 곡인지 파악한 후에 선율이 아름답게 부각되도록 세심한 주의를 기울여 연주한다. 선율은 반드시 오른손으로 연주하지 않는다. 예를 들어 No. 66과 같이 흐르는 듯한 왼손 2분음표 선율도 있으며, No. 86과 같이 분산화음 안에 숨겨져 있는 경우도 있다.

악센트 — 일반적으로 첫박자에 오며, 경우에 따라서는 뒷박자로 이동하기도 한다. 이런 경우에는 대부분 '➤' 기호가 붙어있는데, 이 음은 특히 강하게 울리도록 타건한다. 악센트를 어떻게 주느냐에 따라서 악상이 달라지기도 한다.

반주 — 선율을 아름답고 돋보이게 해준다. 따라서 반주가 선율보다 강하지 않아야 전체적으로 조화를 이룰 수 있다.

조바꿈 — 대부분 곡을 마치는 부분에서 등장한다. 조표가 바뀌었을 때에는 어떤 조로 바뀌었는지 잘 보고 파악해야 한다.

연습곡은 다양한 형식으로 만들어졌으며, 모두 단독적인 작품으로 구성되어있다. 그러므로 구성을 무너뜨리거나 음을 나열하는 방식으로 연주하지 않도록 전체적으로 파악한 후에 연습한다. 이를 위해서는 p, f를 포함한 기호의 효과를 반영시키고, 연습을 할 때에는 항상 자신의 연주를 잘 들어야 한다.

다시 한 번 강조하자면, 한 음 한 음을 정성스럽게 연습해야 한다. 정확한 리듬으로 곡에 생기를 주어야 하고, 곡의 느낌을 파악해서 밝고 어둡고, 활발한 느낌을 잘 표현해야 한다. 무엇보다 가장 중요한 것은 반복연습이다. 연습을 하지 않으면 실력이 늘지 않는다. 끊임없이 연습하기 바란다.

제1부 Op. 139-1

제1번

3도 화음을 연습한다.

① 제1~4마디까지 하나의 프레이즈로 생각한다.

② 제3마디 시작부분의 스타카토는 악센트처럼 날카로워지지 않도록 정확한 길이로 연주한다.

③ 오른손 3도 화음이 정확히 울려야 한다. 제10마디부터 크레셴도 하고, 제12마디에서 데크레셴도 한다.

④ 왼손 타건 시, 4박자째 음이 다음 마디 1박자째 음과 연결되지 않아야 한다.

　Moderato(모데라토)는 '중간 정도의 빠르기로'라는 의미다.

좋은 예

안 좋은 예

연결되지 않아야 한다

제2번

① 오른손 1박자째 스타카토에 악센트를 주지 않는다.

② 왼손 화음에서 저성부의 움직임을 파악한다. 오른손은 물론 왼손의 움직임에도 신경을 써야 한다.

악보 예　제1마디~

악보 예　제9마디~

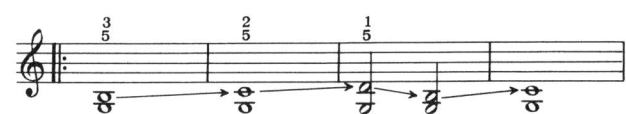

③ 같은 음 스타카토는 방심하면 빨라질 수 있다. 제9~10, 제13~14마디 스타카토도 마찬가지다.

　Allegretto(알레그레토)는 '조금 빠르게'라는 의미다.

제3번

① 8분음표 리듬이 일정해야 한다. 한 음 한 음 끝까지 눌러 음의 크기가 일정해지도록 한다. 특히 솔미솔미의 움직임에 신경을 써야 한다. 4번 손가락 음의 연주도 어려우므로 또렷하게 소리를 내도록 연습해야 한다.

② 제9마디와 제13마디 1박자째 오른손은 날카로워지지 않도록 매끄럽게 들어간다.

③ 여기부터 각각의 마디 첫 번째 음이 파미레도파미솔도 음이다. 기억해두기 바란다.

왼손 1박자째 음의 움직임

제4번

제1번에서처럼 3도 화음이 나온다.

① 이 마디 1박자째 음, 좌우 모두 프레이즈의 마지막 음이므로 악센트를 주지 않는다.

② 점2분음표 길이와 같은 온쉼표다. 박자를 정확하게 잡아야 한다.

③ 운지가 $\frac{5}{3}$에서 $\frac{4}{2}$로 바뀐다. 이 부분을 매끄럽게 연결시킨다. Andantino(안단티노)는 '안단테보다 빠르게'라는 의미다.

제5번

① 같은 음을 레가토로 연타한다. 손가락 끝으로 부드럽게 건반을 누르는 느낌으로 팔의 무게를 자연스럽게 더한다. 아래의 악보처럼 3박자째에 악센트가 붙지 않아야 한다.

② 왼손 분산화음이다. 레가토로 음의 크기를 일정하게, 부드러운 터치로 연주한다.

③ 같은 선율이 두 번 나오는 4마디 프레이즈다. 강약의 발상은 다음과 같다.

앞 4마디는 *mf*, 뒤 4마디는 *p*로 에코처럼 연주한다.

제6번

① 점2분음표 음을 누른 상태로 2박자째와 3박자째의 4분음표를 가볍게 연주한다.

② 1박자째에서 프레이즈를 마치는 형태가 등장한다. 음표의 길이를 정확히 지키되 악센트는 주지 않는다.

③ 여기부터는 다음과 같이 하나의 프레이즈로 생각한다.

Allegro vivace(알레그로 비바체)는 '매우 빠르고 생기있게'라는 의미다.

제7번

상성부가 6도 화음이다. 또렷하게 연주하는 연습을 한다.

① 오른손과 손목의 위치를 고정시키고 팔을 편안하게 한 자세로 메조 스타카토처럼 연주한다. 제8마디 2분음표까지의 프레이즈, 제8마디 3박자째~제16마디, 제17~20, 21~24, 25~32마디도 큰 프레이즈로 연주한다. Allegretto(알레그레토)는 '약간 빠르게'라는 의미다.

제8번

오른손 선율이 왼손에 묻히지 않도록 흐르듯이 연주한다.

① 왼손 분산화음은 제5번처럼 레가토로 연주한다. 1박자째 음을 누른 상태로 연주해서는 안 된다.

② 무게중심을 손가락 끝에 살짝 실어 원래 길이만큼 올리게 한다. 제7마디도 마찬가지다.

③ 양손 모두 스타카토로 연주한다. 제11마디도 같다. 제1~4, 5~8, 17~20, 21~24마디처럼 프레이즈를 크게 잡으면 자연스럽게 흐른다. Con moto(콘 모토)는 '활기차게'라는 의미다.

제9번

제9번은 4마디 단위의 프레이즈로 생각한다.

① 건반에서 손가락이 미끄러지지 않도록 하면서 또렷하게 레가토로 연주한다. 오른손 선율이 묻히지 않도록 한다. $\frac{3}{5}$부분이 어렵다. 화음은 손가락을 세워서 동시에 연주한다.

예비연습

제10번

양손의 음량 밸런스를 잘 들으면서 연습한다.

① 2분음표 선율은 음의 길이를 충분히 유지시킨다.

② 왼손 3화음이다. 손가락과 손목의 모양을 유지시키고, 음량이 줄어들거나 음이 흔들리지 않도록 한다. 경쾌하게 연주한다.

③ 여기부터는 **mp**의 세기다.

④ 제33마디부터 재현부이므로 음을 또렷하게 낸다.

Allegro molto(알레그로 몰토)는 '매우 빠르게'라는 의미다.

제11번

3도 화음으로 음계를 진행시킨다.

① 손가락 모양을 바르게 한다. 손목을 위아래로 너무 많이 움직이지 않으면서 가볍게 음을 낸다. 팔에 필요 이상의 힘이 들어가지 않도록 하면서 편안하게 자세를 취한다. 이 부분의 운지는 다음과 같이 $\frac{3}{1} \frac{4}{2} \frac{4}{2} \frac{4}{2}$ 로 바꾸어도 좋은 연습이 된다.

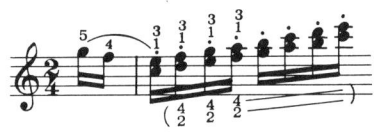

제12번

① 앞꾸밈음 연주에는 다음과 같이 두 가지 방법이 있다.

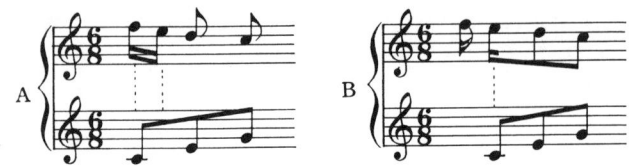

꾸밈음에 악센트를 넣지 않으려면 B의 방법이 좋다.

② *smorz.*(스모르찬도)는 '조금씩 꺼져가듯이 약하게'라는 의미다.

제13번

① 점8분음과 16분음 리듬을 정확하게 연주한다.

② 3마디 동안의 16분음표를 고른 음량으로 빠르게 연주할 수 있어야 한다.

제14번

왼손은 셋잇단음으로 반주를 한다. 원래 음표와 잇단음의 차이를 생각해서 정확한 길이로 연습한다.

① 이 부분의 8분음표와 다음 마디의 왼손 셋잇단음 리듬이 부정확해지지 않아야 한다.

② 여린박자 연습곡이다. 제8마디는 2박자째까지 센 후에 3박자째에서 곡의 시작부분을 반복한다.

제15번

이 연습곡은 오른손 셋잇단음을 연습한다.

① 셋잇단음은 1박자째의 음이 중요하다. ○ 표시가 되어있는 음을 부각시킨다.

② 이 부분은 다음의 악보 예처럼 연습한다. 좌우 손가락의 리듬을 잘 표현해야 한다.

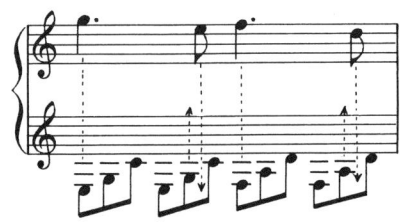

그림으로 표현해보면 다음과 같다.

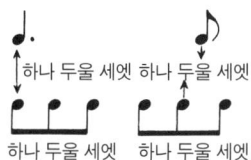

하 나 두 울 세 엣 네 엣

제16번

6도 화음과 3도 화음의 연습이다. 제7번 해설 참조.

　오른손 연주방법은 다양하다. 제16번은 곡상과 템포(Andantino)를 생각해서 자연스럽게 연주한다. 예를 들어 스타카토 또는 메조 스타카토로 연주해도 좋다. 논 레가토로 연주해도 좋다. 한 음 한 음 정확히 연주해야 하며, 음악적인 연결로 볼 때 4마디 단위의 프레이즈로 생각한다.

제17번

왼손 16분음 반주는 분산화음(도솔미솔)의 형태. 빠르게 연주하면 손가락 밸런스가 무너질 수 있다. 너무 강하게 연주하면 오른손 선율이 묻혀버린다. 레가토로 연주할 수 있을 때까지 반복해서 연습해야 한다.

①이 프레이즈를 다음과 같이 연주해도 좋다.

제18번

3도와 6도의 화음 연습은 제4, 7, 16번 해설을 참조하기 바란다.

제19번

16분음표 음계가 좌우 교대로 등장한다. 그 사이에 나오는 화음은 가볍게 스타카토로 연주한다.

①2분음 화음을 정확한 길이로 연주한다.

제20번

①오른손이 반박자 늦게 들어가는 싱커페이션 연습곡이다. 따라서 악센트가 반박자 뒤로 이동한다. 좌우 교대로 연주하므로 매끄럽게 처리하는데 집중을 해야 한다. 템포가 흐트러지지 않도록 왼손 연주에서 박자를 센다. 왼손이 오른손보다 조금 약해야 한다.

②제1마디 뒷부분에 붙임줄이 있다. 이 음표를 4분음으로 생각하면 좋다.

악센트가 이동한다

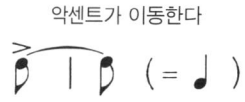

③4분음표 타건 후에는 손가락을 건반에서 떼는 연습을 한다.

제21번

제6번 해설 참조.

①*legg.*는 *leggiero*(레지에로, 경쾌하게)의 줄임말이다. 오른손 선율도 경쾌하게 연주한다.

　왼손 화음은 4박자째에 악센트가 붙기 쉬우며, 다음 마디로 연결되기도 쉽다. 그렇다고 해서 너무 억누르면 무거운 울림이 되어버릴 수 있다.

좋은 예　　　　　　　안 좋은 예(무거운 느낌이다)

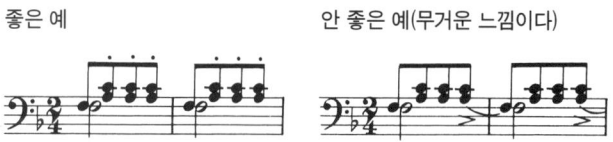

제22번

①8분음표 2개와 셋잇단음이 조합되어있다. 그림으로 나타내면 다음과 같다.

하나두울세엣

② 손을 교차시키는 연습. 오른손을 왼손 위로 올린다. 제2마디, 제4마디, 제6마디 1박자째 오른손 4분음에 날카로운 스타카토가 들어가버릴 수 있다. 따라서 앞쪽 울림과의 연결을 생각하면서 연주한다.

제23번

'돈꾸밈음(턴)'이라는 꾸밈음이 등장한다. 이 뒤에도 돈꾸밈음은 자주 등장한다. 꾸밈음은 연주를 시작하는 위치, 속도, 앞뒤 음표의 종류, 연주실력에 따라서 달라진다. 돈꾸밈음은 끊어지는 느낌이 들지 않도록 매끄럽게 연주하는 연습을 해야 한다.

① *ten.*은 *tenuto*(테누토)로, '음표의 길이를 충분히 유지시켜서'의 줄임말이다.

② 53에서는 5번 손가락으로 연주한 후에 신속하게 3번 손가락으로 바꾼다.

제24번

① 제1마디, 제3마디, 제6마디 앞쪽 박자에 악센트가 붙을 수 있다. 악센트가 붙으면 프레이즈가 잘게 끊어져서 들리므로 주의해야 한다.

② 앞꾸밈음이 붙어있는 제2마디, 제4마디 1박자째에 가볍게 악센트를 준다.

③ 악센트를 주지 않고 제9~12마디까지 크레센도, 제13~16마디까지 디미누엔도 한다.

제25번

① *f*로 시작하므로 양손 유니즌을 강하게 연주한다. 제2마디에서는 *p*가 된다. 따라서 *f*와 *p*가 대조를 이루도록 연주한다.

② 다음 프레이즈로 들어가는 부분이다. 충분히 간격을 두고 악센트가 붙은 4분음을 연주한다.

③ 16분음을 최대한 가볍게 누른다. 음이 너무 작아지거나 리듬이 흐트러지지 않아야 한다. 제12마디도 이와

같다.

④ 스타카토 위에 이음줄이 있는 음은 메조 스타카토다. 논레가로 연주한다.

⑤ 내성부의 움직임을 아름답게 연주한다.

제26번

음의 움직임이 폴리포닉(대위법적)한 연습곡이다. 고음과 저음의 움직임이 각각의 선율을 나타낸다. 따로따로 연습해서 선율을 흐름을 파악해야 한다. 전체적으로 레가토로 연주한다.

① 붙임줄로 이어지는 싱커페이션은 우선은 붙임줄 없이 쳐보고 템포를 파악해야 한다. 그 후에 악보대로 연주한다.

제27번

① 왼손 3도 중음을 *p*의 레가토로 연습한다.

② 8분음에서 16분음으로 바뀌는 부분이다. 서두르지 않는다.

제28번

6/8박자. 2박자로 리듬을 잡는다. 안쪽에 표기된 이음줄이 프레이즈를 이루지 않도록 해야 프레이즈가 짧게 잘리지 않는다. 바깥쪽 이음줄로 이루어진 커다란 프레이즈라고 생각한다.

① 오른손 3도 연습과 함께 리듬을 2박자로 센다. 왼손은 레가토다.

② 여기부터 왼손의 움직임을 잘 살핀다.

제29번

① 제1~2마디 오른손은 메조 스타카토다. 제9~10마디도 마찬가지다. *f*에서는 또렷하게 연주한다.

② 16분음을 *p*로 일정하고 아름답게 연주한다.

③ 왼손이 오른손보다 약해야 한다. 베이스의 2박자째와 3박자째 화음은 가볍게 친다. 베이스는 점2분음표다.

Allegro quasi presto(알레그로 콰시 프레스토)는 '프레스토 같은 알레그로'라는 의미다.

제30번

전체적으로 점음표 리듬을 정확하게 지킨다.

①왼손 점음표 리듬은 흐트러지기 쉬우므로 정확하게 지킨다.

②점음표가 아니므로 템포 유지에 신경을 써야 한다. 제8마디도 마찬가지다.

　Marcia(마르치아): 행진곡

　Allegro maestoso(알레그로 마에스토소)는 '빠르고 장엄하게'라는 의미다.

제31번

4박자 리듬으로 들리지 않도록 밝고 또렷하게 연주한다.

①하행하기 때문에 약해질 수 있다. *f*로 들어가기 전까지는 강하게 연주한다.

　Vivo(비보)는 '활발하게'라는 의미다.

제32번

반음계 연습이다. 운지를 기억해두고 조금씩 빨리 칠 수 있도록 한다. 제1~2마디까지 한 번의 숨으로 연주한다. 제3~4마디도 한 번의 숨으로 연주한다.

①미♭음이 ♮(임시표)에 의해 미로 바뀐다.

②시작부분의 파음은 악센트를 주어 또렷하게 친다.

제33번

①프레이즈가 잘게 나뉘지 않도록 다음과 같이 연주하면 좋다.

②앞마디에서 이어지는 음은 너무 강하지 않게 터치한다.

③다음 테마로 들어가기 위한 연결부분이다. 디미누엔도는 정성을 들여 연습한다.

④이어지는 레 음으로 들어가 마친다.

제34번

트릴, 돈꾸밈음, 프랄트릴러, 앞꾸밈음 연습이다. 트릴은 정확하게 연주해야 한다. 이에 대해서는 아래의 악보 예를 참고하기 바란다.

①트릴에서 이어지는 느낌으로 연주한다. 마치는 부분의 4분음이 너무 강하면 조잡하게 들릴 수 있다.

②디미누엔도와 함께 *rit.*를 한다고 생각한다.

제35번

①악센트 음이지만, 너무 날카롭지 않은 테누토 느낌으로 연습한다.

②팔과 손목을 이용해서 튀는 음이 빠지지 않도록 한다.

③이 부분은 레가토로 연주한다.

제36번

D Major와 A Major 음계연습이다.

①왼손 화음이 또렷하게 나도록 한다.

②2마디째까지 16분음이 흐트러지지 않아야 한다. 이런 부분은 빠른 템포에서도 고른 음량으로 매끄럽게 연주할 수 있을 때까지 연습한다.

리듬연습

a) b) c) d)의 리듬으로 바꾸어 연습하면 손가락을 원활하게 움직이는 데에 도움이 된다.

③왼손 화음은 서두르지 않고 정확하게 누른다.

④16분음 음계와 2분음 화음이 연결된다. 어려운 부분이므로 반복해서 연습한다.

제37번

①돈꾸밈음(턴) 연속진행(여섯잇단음)이다. 매우 빠르게 연주해야 한다. 강약에 차이가 나지 않도록 다음과 같이 리듬을 바꿔서도 연습해보자.

$\frac{4}{4}$박자로 바꾸어 연습한다.

②파에 ♮(임시표)가 붙어있다. 제2마디에서 ♯으로 반음 높아진 음이 원래로 돌아온다.

③2박자째 시작음에 악센트를 준다.

제38번

①오른손 3도 화음. 레가토로 트릴을 하기 어려우므로 한 음 한 음 손가락을 들어서 ***f***로 천천히 누른다. 연습을 많이 하면 매끄럽고 빠르게 연주할 수 있다.

제39번

①디미누엔도를 하거나 느리게 연주하지 않는다.

②3도 화음을 정확히 누른다.

제40번

Scherzando(스케르찬도) '익살스럽게'의 지시처럼 즐겁고 경쾌하게 연주한다.

①앞꾸밈음은 짧고 빠르게 연주한다.

②4분음의 음가를 지킨다. 제8마디 마치는 부분에서도 마찬가지다.

③좌우가 반진행을 한다. 좌우 손의 밸런스에 신경을 쓰고, 울림에도 주의를 기울여야 한다.

④***fp***(포르테 피아노)에서 강하게, 그리고 곧바로 약하게 연주한다.

제41번

①이음줄 시작부분 음에는 악센트를 주지 않아도 된다. 16분음은 짧게 치면 8분음의 꾸밈음처럼 들릴 수 있으며, 길게 치면 셋잇단음처럼 들릴 수 있다.

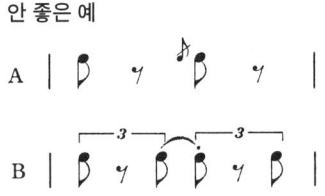

②제13~16마디, 제29~32마디 점음표에는 쉼표가 없으므로 레가토로 연주한다. 이 두 부분의 운지는 전체적으로 다르다.

제42번

①트릴 연습이다. 팔의 무게를 손끝에 실어서 소리가 매끄럽게 나도록 한다.

②왼손 화음과 저음의 움직임을 부각시킨다.

③좌우의 음량이 고르게, ***p***로 연주한다.

④4번, 5번 손가락 트릴은 손가락 끝을 세워서 누른다. 제4마디와 제11마디도 마찬가지다.

제43번

온음을 유지시키면서 내성을 연주한다. 내성은 좌우 손의 음량을 고르게, 레가토로 연주한다.

①5번 손가락으로 건반을 누르고 있어 4번 손가락 연주가 어렵다. 따라서 손가락 끝을 잘 세워야 한다.

②음계가 하행한다. 다음 음계로 이동할 때에는 틈이 생기지 않도록 손가락을 빠르게 이동시킨다.

제44번

①오른손 상성부를 조금 부각시킨다. 점4분음표에 악센트를 극단적으로 주지 않는다. 내성부는 싱커페이션 리듬을 잘 표현하고, 상성부에 비해 음량을 억제시킨다.

②마디 마지막의 8분음은 ***sf***로 들어가기 전이므로 정확한 박자로 누른다.

제45번

왼손 분산화음 연습. 제13, 14번 참조.

①이곳의 8분음은 다음 마디와 연결시키면서 레가토로 연주한다.

제46번

오른손 분산화음이 한 옥타브를 넘어간다. 건반을 정확하게 누를 수 있을 때까지 천천히 반복해서 연습하기 바란다.

①손가락이 되돌아올 때 1번 손가락 터치가 강해지거나 리듬이 흐트러질 수 있다. 무리한 움직임은 피하고, 스타카토로 연습해보는 것도 좋다.

제47번

오른손 선율이 노래하듯이 연주해보자.

① 붙임줄로 연결되어있는 파, 시, 도, 솔#음은 음표의 길이 만큼 울리게 한다.

② 여기에는 두 가지 연주방법이 있다. a)의 경우는 파 음으로 들어갈 때까지 시간이 걸리고, 왼손 리듬이 무너진 것처럼 들린다. b)가 비교적 쉽다. 손끝을 세워서 고른 음량으로 터치해보자.

제48번

가볍게 연주한다. 오른손 16분음에서 미끄러지지 않는 것이 중요하다.

① 왼손 중성부 베이스를 2분음으로 연주한다.

제49번

dolce cantabile(돌체 칸타빌레), '부드럽게 노래하듯이'라는 나타냄말처럼 오른손 선율을 부드럽게, 노래하듯이 연주해보자.

① 제34번 프랄트릴러 해설 참조.

② 2분음 레가토로 이어진다.

제50번

프레이즈와 악센트 연습.

제31번 해설 참조.

① 스타카토를 경쾌하게, 약하지 않게 누른다. 제2, 3, 5, 6 마디도 마찬가지다.

② 크레셴도를 빠르게 하면 프레이즈를 길게 이어가기 어렵다. 음량을 생각하면서 크레셴도를 해야 한다.

제51번

① 왼손 4분음 진행을 생각하면서 내성의 미♭을 최대한 작게 연주한다. 오른손 16분음도 서두르지 말고 정확히 연주하기 바란다.

② ***pf*** 기호는 poco ***f***(포코 포르테) 또는 *più* ***f***(피우 포르테)의 줄임말.

제52번

① 제2마디 점음표 리듬과 앞꾸밈음 리듬이 흐트러지지 않아야 한다. 앞꾸밈음은 ♫♫♫♫의 리듬으로 연주하지 않는다.

② 3박자째에서 하나의 프레이즈를 마치고 4박자째부터 다음 프레이즈를 시작한다. 여기부터는 점음표 리듬을 밝고 가볍게 연주한다.

③ 오른손 화음의 리듬을 지키면서 또렷하게 연주한다.

Moderato alla marcia(모데라토 알라 마르치아)는 '중간 정도의 속도로, 행진곡풍으로'라는 의미다.

제53번

① 3박자 연습곡이다. 반음계는 모두 ***f***로 연주한다. 제3마디에서 음의 수가 급격히 줄어든다. 박자를 정확히 세면서 연주해야만 리듬을 유지시킬 수 있다.

② 제1마디와 달리 ***p***부터 크레셴도를 한다. 화음은 ***f***로 연주한다.

제54번

① 왼손으로 3음, 오른손으로 2음을 연주한다. 제22번 해설에서 연습방법을 참조하기 바란다. 오른손 8분음과 왼손 셋잇단음은 맞추기 어렵다. 따로따로 많이 연습한 후에 맞추어야 한다.

② 오른손 4음, 왼손 3음은 다음과 같이 맞춘다.

③ 점음표를 넣는 방법은 다음과 같다.

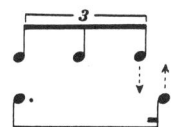

④ 오른손 1박자째는 2음, 왼손은 셋잇단음으로 다룬다. 8------도 지킨다.

제55번

아르페지오 연습이다.

① 앞꾸밈음은 박자 앞에서 친다. 손과 손가락 모양을 바르게 하고, 팔과 손목이 편안한 자세에서 빠르게 연주한다.

제56번

일반적으로 같은 음 연타는 손가락을 바꿔서 한다. 여기서는 같은 손가락으로 연주하므로 손가락에 필요 이상의 힘이 들어가지 않아야 한다.

① 왼손 중성부는 레가토로, 템포를 정확히 지킨다. 오른손은 짧고 가볍게 터치한다.

② 왼손 베이스 2분음을 충분히 유지시킨다.

제57번

같은 음형 셋잇단음을 경쾌하게 연주하는 연습.

① 2번, 3번 손가락으로 건반을 쓸어내리듯이 빠르게 터치한다.

② 여기서 프레이즈가 끊어진다.

③ *p*부터 크레셴도. 같은 음에서는 음량을 유지한다.

④ 트릴에 ⌒ 표기가 있으므로 조금 길게 연주한다. 오른손 미와 왼손 화음의 박자를 맞춘다.

⑤ 'L.H.' 기호가 있으면 왼손으로 연주한다. 운지는 다음의 악보 예 참조.

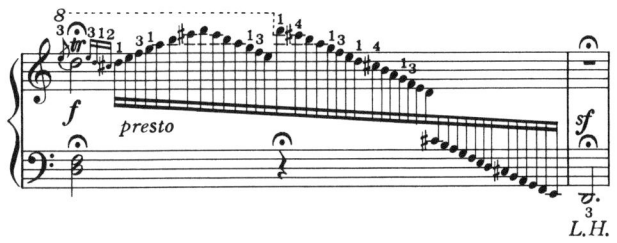

제58번

같은 음형의 16분음 동음 연타 연습이다. 동음을 빠르게 연주하려면 건반을 몸 쪽으로 쓸어버리듯이 눌러야 한다.

① 중성부 2분음은 충분히 유지시키고, 저음(솔)을 울려서 흐름을 만든다.

② 여기부터 다음 마디까지 힘차게 연주한다.

제59번

① 오른손 리듬이 달라지므로 왼손이 오른손의 간섭을 받지 않도록 박자를 잘 세야 한다.

② 짧은 앞꾸밈음은 안쪽으로 쓸어버리듯이 누른다. 다음음과 섞이지 않아야 한다.

③ 7화음을 명확히 내기는 어렵다. 소리가 잘 날 때까지 연습한다.

제60번

① 상성부 선율과 저성부 선율이 3도로 진행하므로 3도의 울림이 잘 나야 한다. 중성부 음은 약하게 넣는다(아래의 악보 예 참조).

② 16분음이 나오면서 리듬이 흐트러지지 않아야 한다. 매끄럽게 연주해보자.

Andantino con dolcezza(안단티노 콘 돌체자)는 '걷는 속도로 최대한 부드럽게'라는 의미다.

제61번

3도로 움직이는 16분음의 빠른 패시지 연습. 4번 손가락 음이 약해지지 않도록 고른 음량으로 터치해야 한다. 왼손 화음은 템포를 정확히 유지시킨다.

제2부 Op. 139-2

지금부터 더욱 음악적이고 메커닉한 연습을 시작한다. 〈체르니 40번 연습곡〉(Op. 299), 〈체르니 50번 연습곡〉(Op. 740)과 함께 연습해도 좋다.

제62번

①32분음을 너무 의식하면 4분음에 부자연스러운 악센트
가 붙을 수 있다.

②겹점음표와 점음표 리듬을 잘 구분해야 한다. 겹점음표
는 한손으로 여러 번 연습한 후에 왼손과 맞추어 친다.

제63번

①왼손과 오른손을 잘 맞춘다. 오른손 화음은 상성부를 부
각시킨다. 타건의 힘 조절을 연구해서 아름답게 울리도
록 누른다. 페달을 사용하면 화성의 흐름을 쉽게 파악할
수 있다. 또는 페달을 사용하지 않고 페달의 울림을 떠올
리면서 연습해보는 것도 좋다.

②*sotto voce*(소토 보체)는 '부드럽고 작은 소리로'라는 의
미다. 줄임기호 S.V.는 일반적으로 소프트 페달을 사용해
서 U.C.(우나 코르다)로 연주한다.

왼쪽 페달을 밟은 상태로 오른쪽 페달을 다음과 같이 밟
는다.

제64번

①오른손 손목 회전을 이용해서 빠르고 부드럽게 아르페지
오를 한다. 샤프가 많아 검은건반을 많이 연주하므로 처
음에는 천천히 연습해보자.

②서둘러서 화음을 급하게 누르지 않도록 하자. 제16마디
도 마찬가지다.

제65번

①16분음 반주가 빠르게 진행하므로 왼손만 따로 연습한
다. 연습이 부족하면 고르게 연주할 수 없다.

②손목과 팔의 움직임을 이용해서 빠르게 꾸밈음을 넣는
다. 무게중심을 1번 손가락에서 5번 손가락으로 빠르게
이동시킨다. 상세한 방법은 제47번 해설 참조.

제66번

①오른손 동음이 끊어지지 않도록 레가토로 연주한다.

②왼손 반주형은 2분음이 따로따로 떨어지는 느낌이 들지
않도록 많이 연습해야 한다.

③갑자기 날카로운 점음표가 나와서 악상이 달라지지 않도
록 점음표를 부드럽게 넣는다.

④충분히 크레센도 한다. 다음 음과의 사이에서 막히는 느
낌이 들지 않도록 느긋하게 연주한다. *f*로의 테누토도
충분히 한다.

Lento cantabile(렌토 칸타빌레)는 '느리게 노래하듯이'
라는 의미다.

제67번

①빠른 템포에서 스타카토 하는 3도 화음 주법은 매우 어
렵다. 레가토로 연습하는 것도 좋은 방법이다.

②①의 스타카토 연주보다 어렵다. 4번 손가락 음이 너무
약하지 않을 정도의 레가토로 연습한다.

③4분음에 악센트를 주지 않는다. 이후의 같은 음형도 마
찬가지다.

제68번

$\frac{3}{2}$박자. 2분음표가 한 박자다.

①1번 손가락에서 5번 손가락으로의 도약이 어렵다. 자연
스러워지도록 충분히 연습한다.

②*f*에서 이어지는 디미누엔도는 음을 잘 파악한 후에 연
주한다.

③이 부분의 오른손 화음은 논 레가토로 다음과 같이 연
주한다.

제69번

①쉼표의 길이를 지킨다. 이후의 같은 형태도 마찬가지다.

②통통 튀는 음이다. 명확하게 소리가 나도록 눌러야 한다.
4번 손가락에서 2번 손가락으로 빠르게 손가락을 바꾼
다. 전체적으로 리듬이 정확해야 한다.

제70번

① 분산화음 패시지 연습. 템포가 빠르므로 손목을 회전시키면서 건반을 누른다.

② 셈여림기호로 **f**와 **ff**가 표시되어 있으므로 박자 시작부분에 악센트를 충분히 준다.

leggiermente(레지에르멘테)는 '가볍게'라는 의미다.

제71번

Scherzando(스케르찬도) '장난스럽게'로 지시되어있다. 이 것을 생각해서 곡의 느낌을 표현해야 한다. 왼손 화음은 스타카토다.

① 스타카토가 붙은 프레이즈의 마지막 음이므로 가볍게 누른다.

② 왼손 화음이므로 강해지지 않게, 최대한 가볍게 연주한다.

③ 왼손 3화음에 튀는 느낌이 들게 하기 위해서는 빠르게 연주하는 연습을 해야 한다.

④ 여기부터 오른손도 스타카토로 연주해도 된다.

제72번

① 점8분음이 너무 약하거나 16분음이 너무 짧지 않아야 한다.

② 페달은 음이 탁해지지 않도록 레가토 페달로 밟는다. 1박자째 저음을 누른 직후에 페달을 밟는다.

실제로 페달을 밟는 부분

③ 이 부분은 어렵다. 16분음에 끌려가지 않아야 한다.

제73번

오른손 선율에 옥타브 도약이 나온다. 음의 연결을 생각하면서 선율을 노래하듯이 연주해보자. 왼손은 모두 레가토다.

① 4분음으로 흘러들어가듯이 연주하고, 1번 손가락에서 4번 손가락으로 바꾼다.

② 왼손에 2음을, 오른손에 5음을 넣는다.

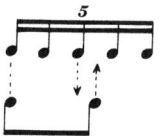

다섯잇단음을 매끄럽게 연주한다. 오른손 세 번째 16분음과 왼손 8분음이 겹쳐지지 않으므로 16분음이 조금 먼저 나오도록 연주해보자.

제74번

① 왼손 셋잇단음과 오른손 8분음표 2개를 맞추는 연습이다. 이미 여러 번 연습했으므로 익숙해졌을 것이다. 여기서도 오른손은 선율, 왼손은 반주를 한다. 제22, 54번 해설 참조.

② 손가락을 빠르게 바꿔 누른다.

③ 꾸밈음을 매끄럽게 연주한다.

제75번

왼손 패시지 연습. 손가락이 미끄러지거나, 4번, 5번 손가락 음이 약해지지 않도록 한다. 점음표 리듬으로 바꾸어보는 등의 방법으로 손가락이 잘 움직이도록 연습한다.

① 왼손 움직임 때문에 오른손 음이 산만해지지 않아야 한다.

② 오른손은 손목과 팔의 움직임으로 연주한다. 왼손 화음이 마디 시작부분에서 나오므로 박자를 잘 지켜야 한다. 분산화음은 옥타브 범위에서 움직인다. 화음으로 연주해보고 음을 파악하는 것도 좋다.

오른손 화음

제76번

① 오른손은 임시표를 잘 살핀다.

② 이 부분은 리듬이 명확해야 한다.

③왼손 2분음 화음을 충분히 유지시킨다. 오른손은 ②와 반대의 움직임으로, 스타카토가 붙은 8분음이 한 옥타브 올라간다. 나머지 음에도 악센트가 붙거나 너무 약해지지 않아야 한다(○ 표시된 음).

조마다의 주화음 일람

다음에는 조마다의 조표와 그 관계단조가 나온다. 이것은 모두 외워두어야 한다. 지금부터는 일람의 조성 순서를 따라서 연습곡이 배열되어있다. 음형의 변화가 심한 연습곡도 나온다. 특히 대용화음 또는 변화화음이 사용된 연습곡도 있다. 이러한 연습곡은 〈체르니 30번 연습곡〉(Op. 849)과 〈체르니 40번 연습곡〉(Op. 299)에는 나오지 않는다.

제77번

오른손 패시지는 레가토로 제5~8마디 사이에서 크레센도와 f로 진행한다. 제8마디 마지막 8분음에서 악상이 p로 바뀐다. 제13~16마디는 경과구(패시지)다. 제16마디 트릴 이후, 제17마디부터의 셋잇단음 반주와 오른손은 가볍게 튀는 리듬이다. 이런 식으로 음계, 아르페지오, 왼손 셋잇단음, 오른손 4분음, 2분음, 점8분음의 요소를 통해 악상을 포함한 많은 부분에 변화를 주고 있다.

①리듬을 가볍게 연주한다.

②16분음에서 셋잇단음으로 이동할 때 리듬이 흐트러지지 않도록 한다.

③운지(31)를 잘 지킨다.

④으뜸음부터 트릴을 시작한다.

제78번

①왼손 셋잇단음 반주형은 항상 레가토다. 오른손 선율에는 짧은 프레이즈가 많다. 음악적인 연결을 생각하면서 표정을 담아 연주하기 바란다.

②32분음과 4분음 사이에서 음이 끊어지지 않도록 손가락을 빠르게 바꾼다.

③쉼표가 있지만, 프레이즈가 잘게 잘리지 않아야 한다.

제79번

①3성부의 곡으로, 특히 시작부분의 트릴 형태가 자주 나온다. 상성부와 중성부의 트릴은 3도 또는 6도의 음정이므로 울림을 충분히 살리기 위해서는 좌우의 음량 밸런스를 잘 맞추어야 한다.

②짧은 장식음이다. 연습을 시작할 때에는 ○ 표기가 된 음만 친다. 리듬을 파악한 후에는 모든 음을 연주한다.

연습 a

연습 b

③왼손은 트릴, 오른손은 노래하듯이 연주한다.

제80번

왼손은 경쾌한 스타카토 화음 반주, 오른손은 선율을 부각시키는 또렷하고 탄력 있는 스타카토다. 템포가 빠르므로 한 마디를 한 박자로 생각해야 한다.

①이음줄의 영향으로 왼손 박자가 길어지지 않도록 한다.

②왼손은 여기부터 또렷하게 연주한다.

③이음줄 때문에 템포가 느려지지 않아야 한다.

제81번

①왼손 시작부분이 높은음자리표다. 저음부는 점4분음을 유지시킨다.

② 오른손 선율을 풍성하게 연주한다. 제4마디에서 크레셴도가 정점에 오도록 한다.

③ 스타카토가 표기된 8분음은 약하게 연주한다. 이후의 같은 형태도 마찬가지다.

④ 2마디 프레이즈다. **f**와 **pp**의 차이를 잘 표현해보자.

⑤ 악센트가 부자연스럽게 붙지 않아야 한다.

⑥ 오른손 음계 시작부분에 **f**로 악센트를 준다.

제82번

① 3도 화음으로 진행한다. 레가토로 연주한다.

② 프레이즈 시작부분부터 **f**다. 솔 음에 악센트를 주고, 디미누엔도한다. 이 부분은 악상을 잘 살려야 한다.

③ 왼손 4분음에서 손가락을 너무 빨리 떼지 않는다.

④ 오른손 선율과 대비를 이루도록 아름답게 노래하도록 연주한다.

제83번

16분음 패시지 연습이다. 고른 터치로 흐르듯이 연주해야 한다. 강약을 포함해서 양손 모두 정확하게 연습해보자.

① 2번 손가락에서 1번 손가락으로 바꿀 때에는 손가락 힘을 잘 이용해야 다음 음을 아름답게 누를 수 있다.

② 다음의 악보 예에서 ○ 표시된 음이 6도의 화음이다. 좌우의 음량 밸런스를 잘 들으면서 음량이 너무 커지지 않도록 한다.

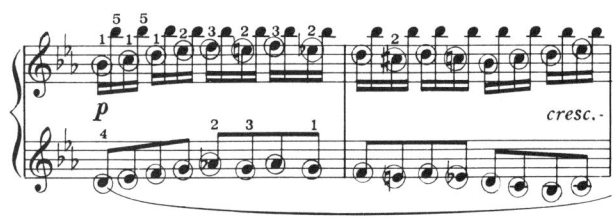

③ 시작하는 음에서 스타카토를 한다. 여기부터 4마디 동안은 틈이 벌어지지 않도록 한다.

제84번

점음표 리듬을 명확하게 터치하는 연습이다.

① 점음표를 연주하는 방법.

이 사이에서 막히기 쉽다

② 오른손 겹점8분음의 점이 음표에서 멀리 떨어져 있다. 이것은 겹점이 다음 마디로 이어지는 보기 드문 기보법(오래된 기보법)이다. 일반적으로는 제5마디와 마찬가지로 붙임줄을 사용해서 같은 높이의 음을 연결시킨다.

제85번

선율에 나타나는 동음 연타의 레가토 주법이다. 그리고 4번 손가락과 5번 손가락으로 누르는 저성부의 지속음은 오른손과의 밸런스를 생각해서 조금 약하게 연주한다.

① 저성부의 움직임을 생각하면서(○ 표시) 점4분음이 돋보이도록 터치한다.

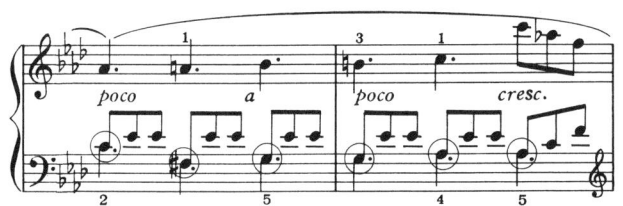

② 점8분음의 음색은 테누토 느낌이다. 마지막 마디는 논 레가토로 아름답게 연주한다.

제86번

① 오른손 상성부와 왼손 저성부가 3도로 움직인다. 아름답게 울리도록 연주해보자.

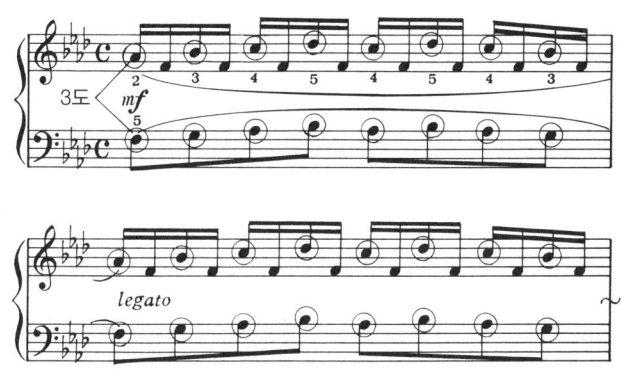

②왼손은 레가토다.

③오른손에서 왼손으로 자연스럽게 연결되도록 한다.

제87번

딴이름한소리로 조바꿈을 하는 연습이다. Dᵇ Major에서 C# Major로 조바꿈을 하지만, 건반 포지션은 변하지 않는다.

① 내성의 온음표를 너무 강하게 누르지 않고 음의 길이를 유지시킨다.

② 통통 뛰는 느낌이다. 음과 음 사이가 벌어져서 끊어지지 않도록 한다.

③딴이름한소리 조바꿈. Dᵇ Major에서 C# Major로 조바꿈한다.

제88번

$\frac{12}{8}$박자는 드물다. 템포가 빠르므로 한 마디를 넷으로 카운트 한다.

①빠른 템포의 화음 연타. 스타카티시모이므로 팔이 지치지 않도록 바른 손모양으로 날카롭게 터치한다. 제1마디와 같이 ====== 에서 **p**로 바뀌는 경우, **p**에서 거칠어지거나 너무 약해지지 않아야 한다.

②왼손 선율을 노래하듯이 연주한다.

③7의 화음 뒤의 화음은 비교적 어렵지 않으므로 너무 강하게 누르지 않는다.

제89번

①제65번의 반주형과 마찬가지로 고른 음량의 레가토로 연주한다. 시작부분의 **p**도 잘 지킨다.

②논 레가토를 탄력적으로 연주한다. 4마디 뒤의 ⌢(페르마타)에서는 음표의 길이를 충분히 유지시킨다.

③딴이름한소리 조바꿈. Gᵇ Major에서 F# Major로 조바꿈한다.

제90번

①오른손이 3도 화음으로 진행한다. 화음이 잘 울리도록 해보자.

②오른손 음에 이음줄과 스타카토가 있다. 왼손 레가토에서는 오른손처럼 끊어지는 느낌이 들지 않아야 한다.

③왼손 4분음이 너무 짧지 않아야 한다.

④딴이름한소리 조바꿈. F# Major에서 Gᵇ Major로 조바꿈한다.

제91번

①왼손 3박자째 음이 오른손의 영향으로 강해질 우려가 있다. 오른손은 경쾌하게 터치한다.

②악센트가 셋잇단음 시작부분에 오지 않도록 고른 음량으로 아름답게 연주한다.

③반복 후의 마지막 마디는 종지가 아니다. 따라서 ⌐2.⌐ 가 필요하다.

다음과 같은 종지가 적당하다고 생각된다.

악보 예 마치는 부분 3마디

제92번

Alla Marcia '행진곡 느낌으로'라고 지시되어있다. 4성부 하모니의 울림으로 이 지시를 부각시킨다.

① 페달을 사용해도 좋지만, 화음이 탁해져서는 안 된다. (B)와 같이 트릴을 한 후에는 반드시 페달에서 발을 떼야 한다.

페달 악보 예

제93번

32분음 음계 및 패시지다. 템포가 빠르므로 음을 빼먹지 않아야 한다. f로 천천히 한 음 한 음 정확하게 내는 연습을 해야 하며, 느린 템포로 연습할 필요도 있다. 느리게 연습한 후에는 빠르게 연주한다.

① 프레이즈가 상승하므로 크레센도가 될 수 있다. 따라서 디미누엔도 느낌으로 연주해야 한다.

② 스타카티시모와 메조 스타카토를 잘 구분한다. 악상이

점점 온화해진다. 제10마디도 논 레가토로.

③ 악센트가 여기서만 날카로워지지 않도록 테누토로 터치한다.

④ 박자를 유지시키는 방법을 생각하면서 단숨에 연주한다.

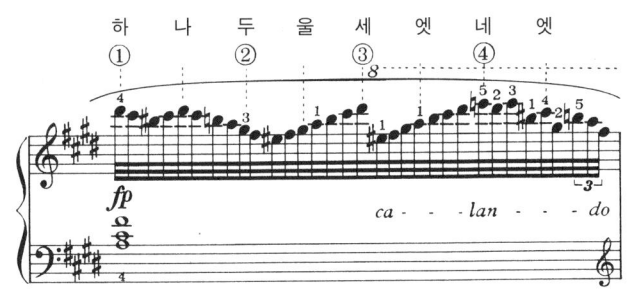

제94번

템포가 매우 빠르다. 왼손 반주에만 집중하다보면 오른손 선율이 흐트러지거나 약해질 수 있다. 이렇게 되지 않도록 좌우의 밸런스를 생각해야 한다.

① 점음표는 강하게 터치해야 한다. 하지만 32분음이 너무 약해져서는 안 된다. 왼손과 함께 연주했을 때 다음과 같이 되도록 한다.

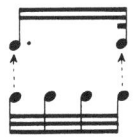

② 선율이 제9마디부터 크레센도를 하고, 여기서 4분음(라음)을 sf로 연주하면서 클라이맥스가 된다. 한 음 한 음 정확히 연주해야 한다.

③ 이 부분은 다음과 같이 16분음을 넣는다.

제95번

트릴의 음계 연습. 흐름을 생각하면서 제1~2마디를 깔끔하게 끊어지도록 연주한다. 템포를 유지시키는 것도 중요하다.

특히 오른손 5번 손가락과 4번 손가락 트릴이 4번 나온다. 이 부분의 리듬은 유지하기 쉽지 않으므로 리듬을 바꾸어 연주하는 연습으로 손가락 훈련을 해야 한다.

①여기부터 음의 움직임이 왼손으로 이동한다. f로 강하게 터치하지만 거칠어지지는 않아야 한다. 오른손 화음도 꼼꼼히 누른다.

②오른손과 왼손이 3도의 간격을 이룬다. 좌우의 음이 어긋나지 않도록 하면서 크레셴도한다. 느린 템포로 시작해서 양손이 잘 맞으면 템포를 올린다.

제96번

동음연타 스타카티시모 연습. $\frac{2}{8}$박자다. 왼손 화음을 스타카티시모로 연주하면서 템포를 유지시킨다. 오른손을 왼손 화음보다 조금 더 강하게 터치한다.

①도 음의 붙임줄에 스타카티시모가 붙어있다. 타건하지 않고, 프레이즈가 끊어지는 부분이라고 생각해도 된다.

② *pf* 는 *poco f* 또는 *più f* 와 같은 의미다.

제97번

음마다 좌우의 손이 바뀌어 리듬을 유지시키기 어렵다. 음 사이의 길이가 일정하도록 가벼운 스타카토로 터치한다.

①여기부터 오른손이 스타카토에서 레가토로 바뀐다. 왼손은 더욱 또렷하게 스타카토로 연주한다. 마지막으로 향하는 크레셴도와 함께 정확하게 연주한다.

제98번

왼손과 오른손을 교대로 연주한다. 제97번과 비슷해보이지만 이번에는 레가토. 따라서 좌우의 연결이 끊어지지 않도록 부드럽고, 고른 음량으로 연주해야 한다. 특히 템포를 잘 유지시켜야 한다.

① *pp* 의 셈여림으로 크레셴도를 시작한다. 제13마디도 마찬가지다.

제99번

오른손 위로 왼손을 교차시키기 때문에 난이도가 높다. 선율의 흐름이 멈추지 않아야 한다. 셋잇단음 리듬을 기억하고 $\frac{4}{4}$박자로 연주한다. 다음의 ○가 표시된 음에서 왼손을 교차시킨다.

①크레셴도가 길게 끝까지 이어진다. p부터 f가 될 때까지 음량과 호흡의 배분에 신경을 써야 한다. 너무 빠르게 f로 도달하지 않아야 한다.

제100번

마지막 연습곡이다. 지금까지의 연습을 충실히 했다면 손가락이 충분히 단련되었을 것이다. 템포가 상당히 빠르다. 오른손은 16분음 음계와 패시지 음의 음량에 차이가 없도록 느린 템포에서 연습을 시작한다. 이후에는 프레스토 (Presto)로 연습한다.

①왼손 반주는 8분음의 길이와 리듬을 정확하게 잡아야 한다.

②오른손이 어려운 부분이다. 음과 리듬이 흐트러지지 않아야 한다.

③여기부터 왼손 패시지로 넘어간다. 마지막까지 f다.

④왼손 화음이 2박자째와 같다. 레 음을 의식면서 누른다.

⑤어려운 부분이므로 운지가 자연스럽게 외워질 때까지 연습해야 한다.

100 Übungsstücke

C. Czerny   Op. 139   Vol. 1

Andantino

4.

Allegretto

5.

legato

a) 돈꾸밈음(턴)　　b)

Allegro

25.

32

Allegro, quasi presto

29.

Marcia. Allegro maestoso

30.

34

Andante espressivo

34.

Allegro moderato

35.

a) 트릴은 보조음(레)부터 시작한다   또는

b)   c)   d)

Allegro veloce

36.

49.

Moderato

p *dolce cantabile*

legato

mf

p

cresc.

f *dimin.* *p*

a)

Moderato alla Marcia

52.

a) $\smallfrown$ =

53.

50

60.

Andantino con dolcezza

61.

Allegro

100 Übungsstücke

Op. 139   Vol. 2

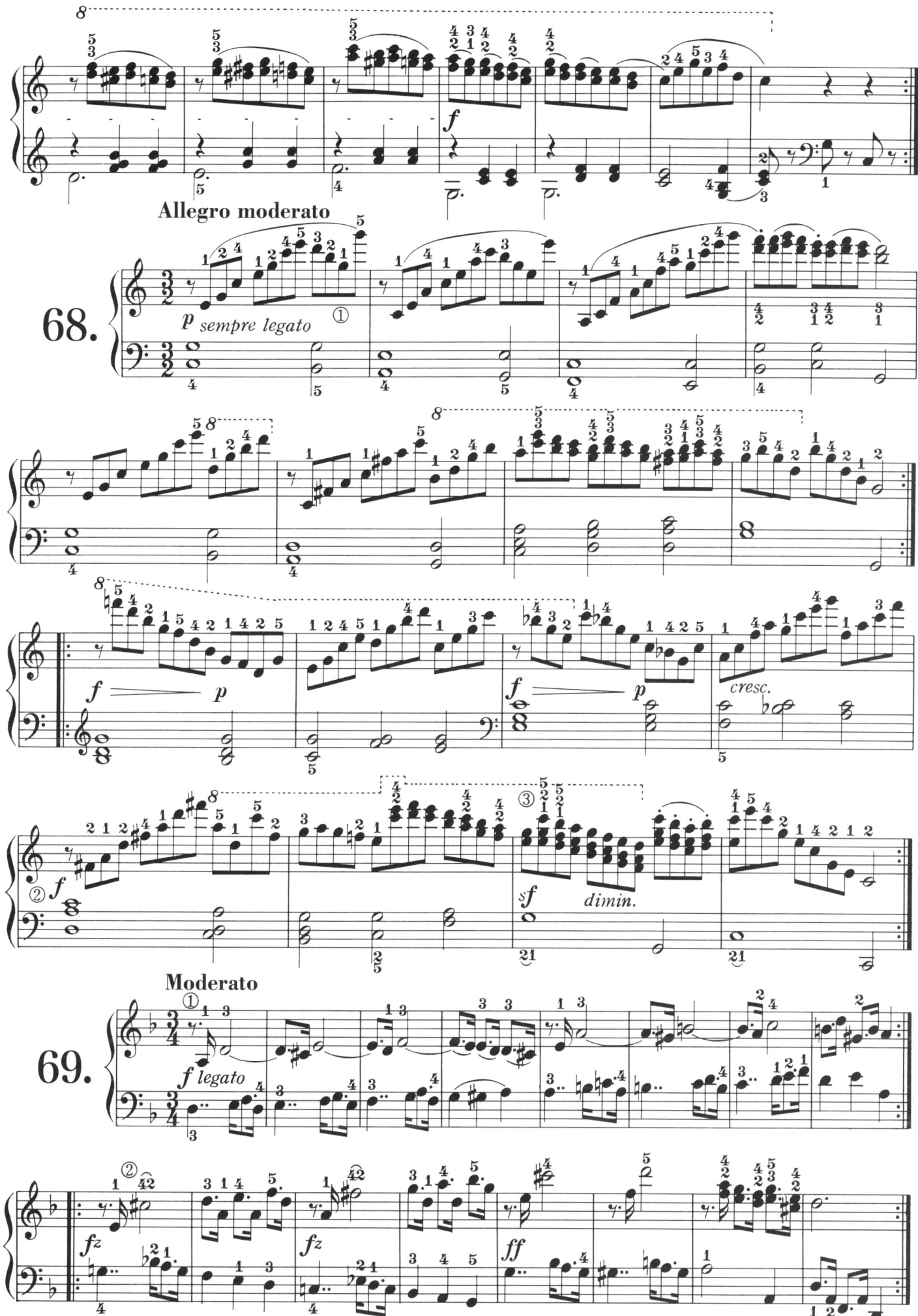

Moderato

72.

Moderato quasi Andantino

73.

Allegro moderato

74.

Allegro vivo ed energico

75.

a) 또는

62

다음의 일람에 따라서 학생은 책상을 건반이라 생각하고 연습한다. 각각의 조성에 ♯ 또는 ♭이 몇 개 붙어있는지 알아두기 바란다.

70

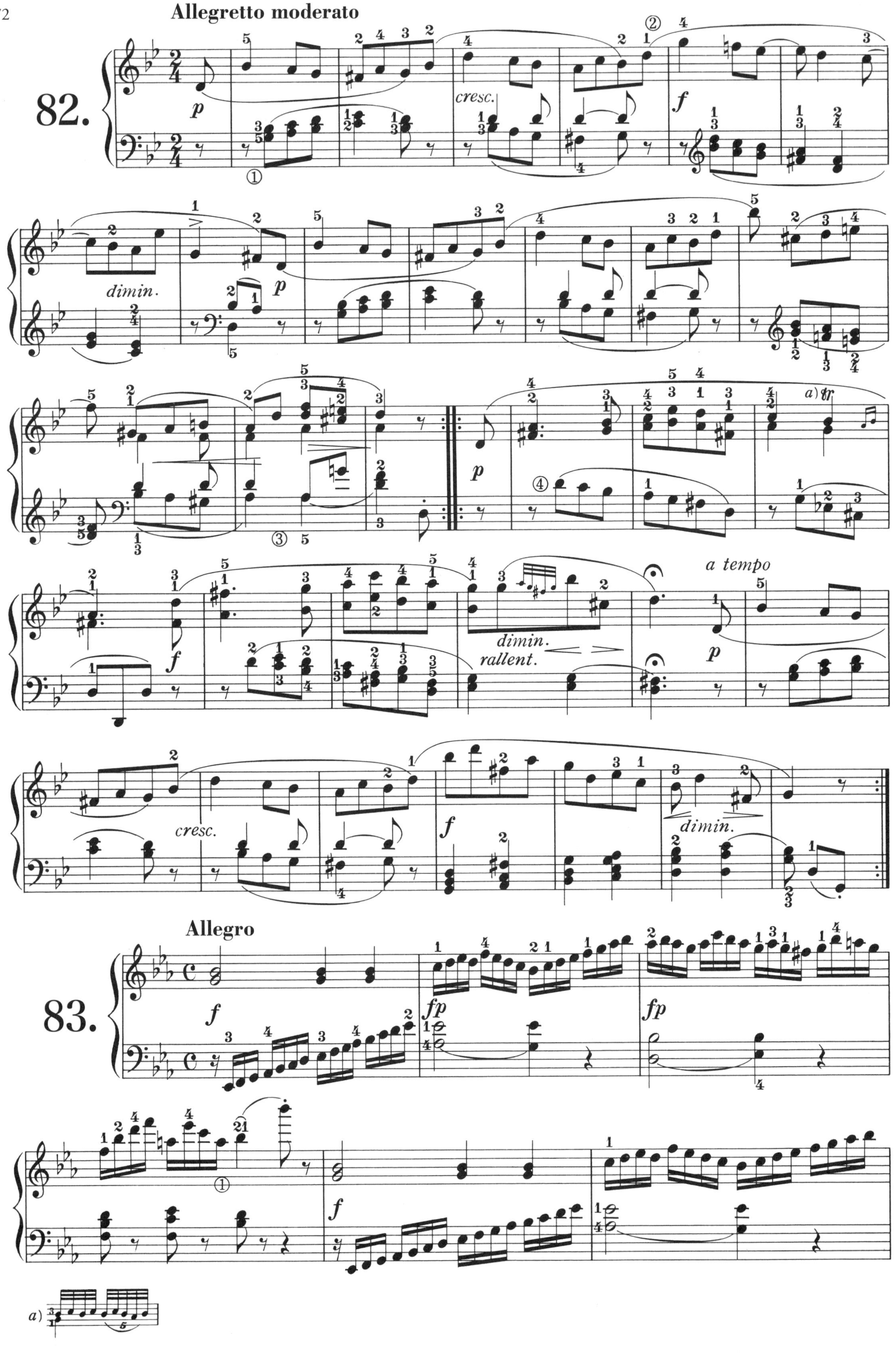
Allegretto moderato
82.
cresc.
dimin.
dimin.
rallent.
a tempo
cresc.
dimin.
Allegro
83.
a)

Allegro vivace

86.

legato

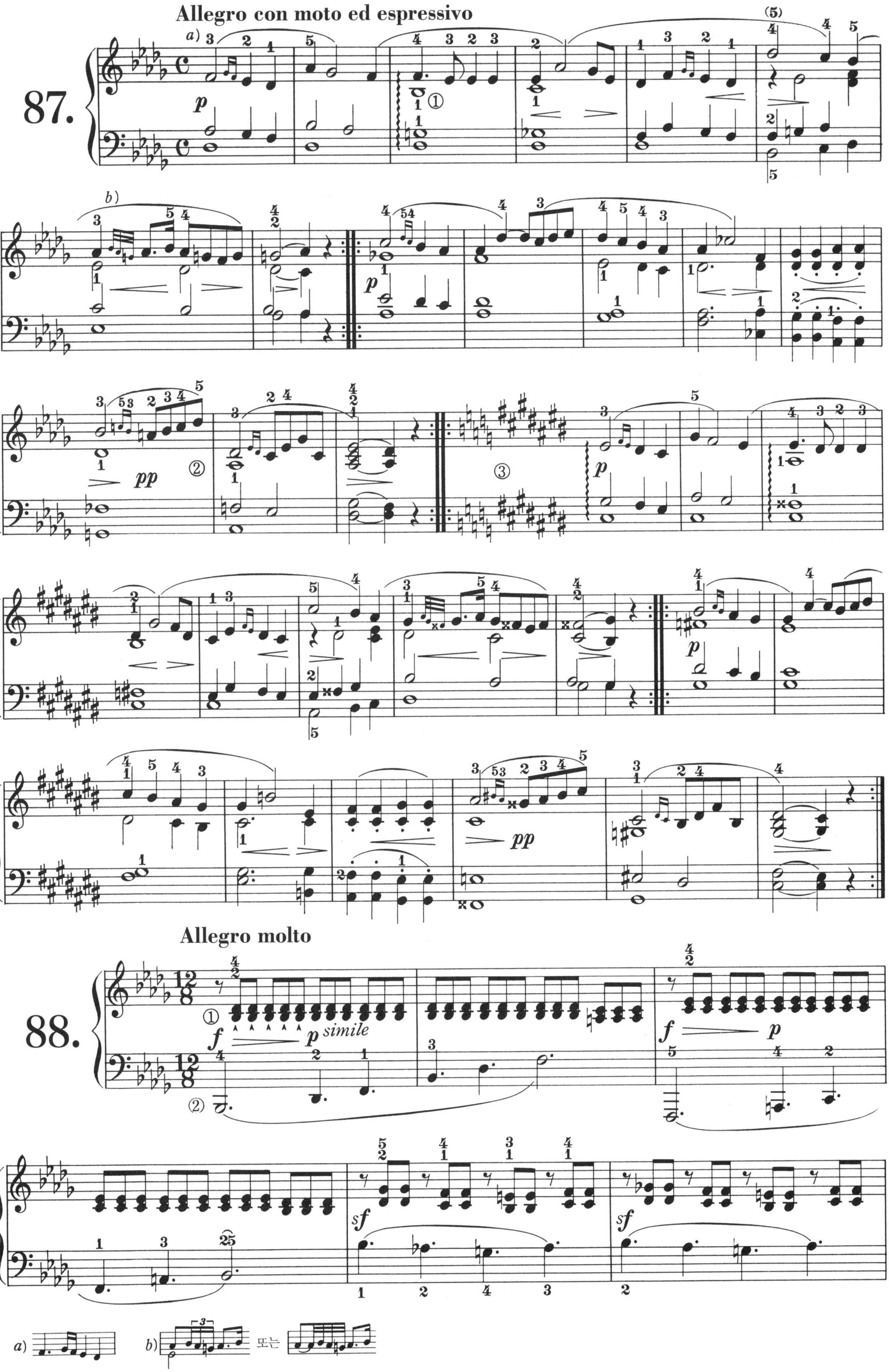
Allegro con moto ed espressivo
87.
p
pp
Allegro molto
88.
f
p
simile
sf
a)
b)
또는

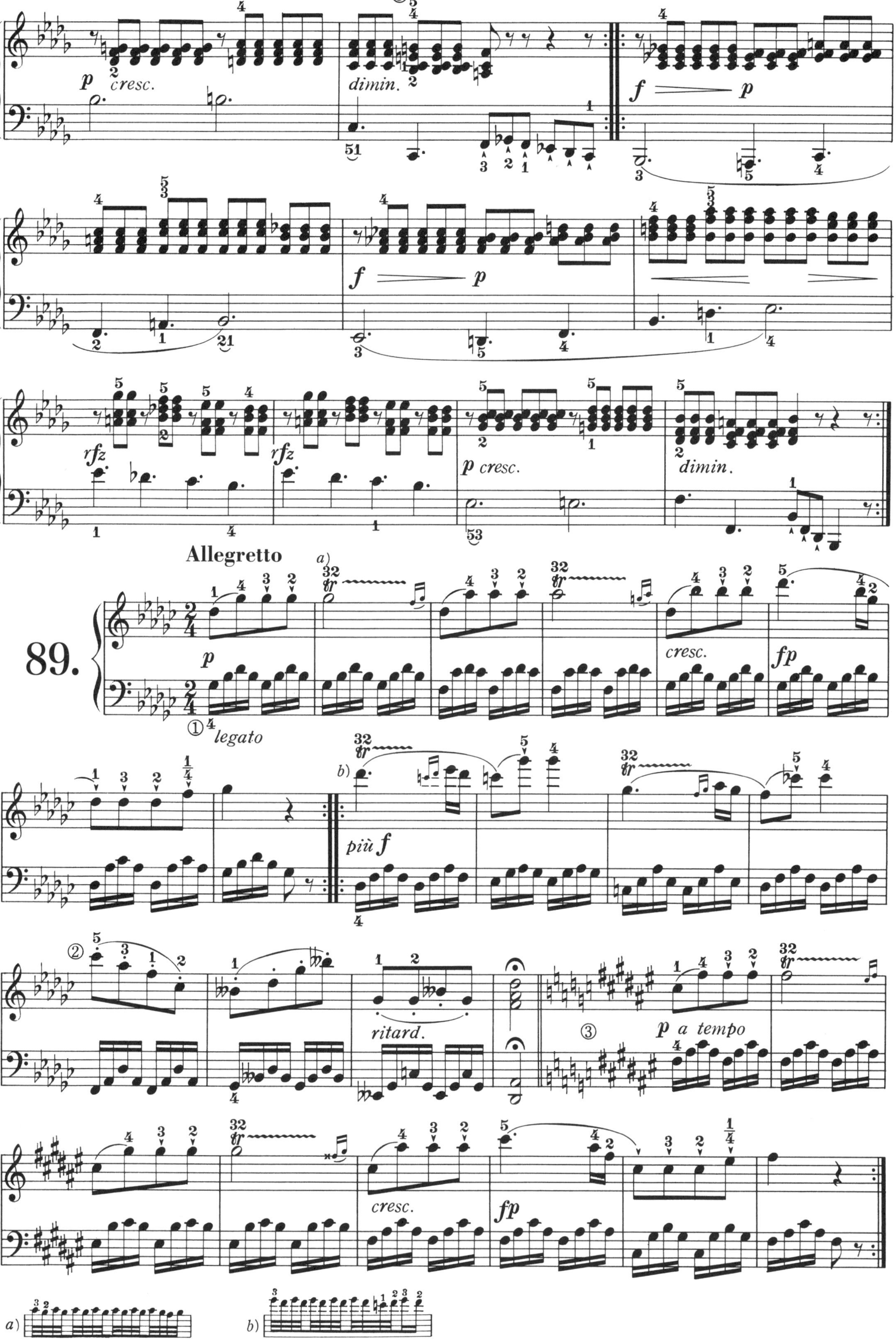
p cresc.
dimin.
f p
f p
rfz
rfz
p cresc.
dimin.
Allegretto
89.
a)
p
legato
cresc.
fp
b)
più f
ritard.
p a tempo
cresc.
fp
a)
b)

Andante alla Marcia

92.

Andantino grazioso ed espressivo

93.

legato

젠온 피아노 라이브러리

교본·악보집 일람

※ zen-on piano library의 신간은 지속적으로 발행되고 있습니다.
최신 출판정보에 대해서는 www.seoul-music.co.kr을 방문해주시기 바랍니다.

교육용

바이어 피아노 교본 Op. 101 [완역판]

아농 피아노 교본 [완역판]

소나티네 앨범 1
소나티네 앨범 2
소나티네 클라비어 앨범 1
소나티네 클라비어 앨범 2

체르니 100번 연습곡 Op. 139
체르니 30번 연습곡 Op. 849
체르니 40번 연습곡 Op. 299
체르니 50번 연습곡 Op. 740

부르크뮐러 18개의 연습곡
부르크뮐러 12개의 연습곡

바로크

바흐 평균율 클라비어 곡집 1 [원전판]
바흐 평균율 클라비어 곡집 2 [원전판]
바흐 골트베르크 변주곡

바흐 프랑스 모음곡
바흐 피아노 소품집

바흐 6개의 프랑스 모음곡
바흐 인벤션과 신포니아

고전

하이든 소나타 1
하이든 소나타 2

모차르트 소나타 앨범 1
모차르트 소나타 앨범 2
모차르트 피아노 앨범

베토벤 소나타 앨범 1
베토벤 소나타 앨범 2
베토벤 피아노 변주곡 1
베토벤 피아노 변주곡 2
베토벤 피아노 협주곡 제5번 '황제'

낭만파

슈베르트 즉흥곡, 악흥의 한때
슈베르트 3개의 피아노 소품 [즉흥곡] D. 946

멘델스존 무언가

쇼팽 왈츠 (유작 포함)
쇼팽 마주르카
쇼팽 녹턴 (유작 포함)
쇼팽 소나타
쇼팽 프렐류드와 론도
쇼팽 스케르초와 판타지
쇼팽 피아노 협주곡 제1번 e minor (Op. 11)
쇼팽 폴로네즈
쇼팽 발라드, 즉흥곡
쇼팽 피아노 앨범
쇼팽 에튀드 [3개의 유작 에튀드 포함]

리스트 3개의 야상곡 〈사랑의 꿈〉 (가곡판 포함)
리스트 슈베르트 가곡에 의한 13개의 피아노 소품집
리스트 초절기교 연습곡집 [원전판]
리스트 리트에 의한 15개의 피아노 소품집
리스트 연주회용 연습곡집 [원전판]
리스트 파가니니 대연습곡집 [원전판]
리스트 소나타 b minor [원전판]

브람스 피아노 곡집 1
브람스 피아노 곡집 2

라흐마니노프 회화적 연습곡 '소리의 그림'
라흐마니노프 전주곡
라흐마니노프 악흥의 한때
라흐마니노프 환상적 소품집
라흐마니노프 피아노 소품집
라흐마니노프 피아노 소나타

근현대

드뷔시 프렐류드 1
드뷔시 프렐류드 2
드뷔시 영상 1, 2

드뷔시 베르가마스크 모음곡
드뷔시 아라베스크와 피아노를 위하여

라벨 피아노 작품전집 제1권
라벨 피아노 작품전집 제2권
라벨 피아노 작품전집 제3권
사티 피아노 작품집 제1권

체르니 100번 연습곡

초판발행 2021년 5월 15일

지 은 이 젠온악보출판사 편집부
펴 낸 이 하성훈
펴 낸 곳 서울음악출판사
주 소 서울 서초구 반포대로22길 85 에덴빌딩 3층
영 업 부 02-587-5157
등록일자 2001년 4월 23일
등록번호 제2001-000299호
홈페이지 www.seoul-music.co.kr

© 2021, 서울음악출판사
© 1955 by Zen-On Music Co., Ltd., Tokyo.

값 9,000원
ISBN 979-11-6750-149-3

※ 이 책의 무단 전제와 복제를 금합니다.
※ 잘못 만들어진 책은 구입처에서 교환해드립니다.